남쪽 바다에서 이순신 찾기

글 이광희 그림 **토끼도둑**

상상책장

차례

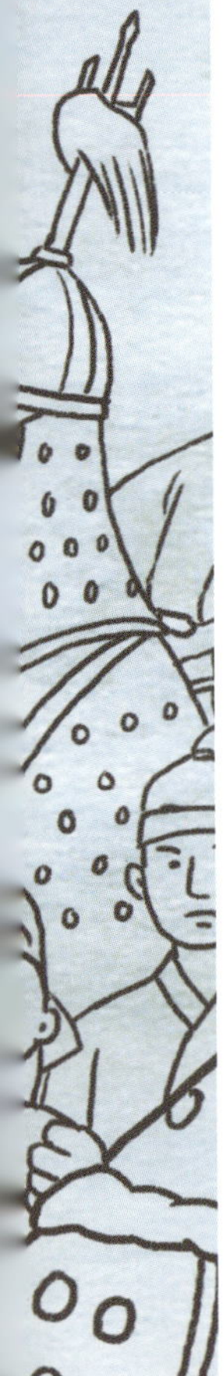

단 한 번도 지지 않은 장군

조선 시대의 장군으로, 임진왜란 때 우리나라를 굳건히 지킨 이순신은
1545년, 한성(지금의 서울) 건천동에서 태어났어. 어려서부터 무예와
학문을 익히고, 활쏘기와 전투 놀이를 좋아했어. 32살이 되던 해,
무과(군인이 되는 시험)에 합격해 함경도에서 장교로 일하기 시작했지.
1592년, 임진왜란이 일어나자 이순신은 바다에서 왜군과 맹렬히 싸웠어.
한산도 대첩 등 여러 싸움에서 승리하며 조선을 지켰지. 그러나 1598년,
노량 해전에서 왜군의 총탄에 맞아 안타깝게 전사하고 말았어.
이순신은 마지막 싸움에서도 이기며, 한 번도 지지 않은
백전백승의 전설을 남겼어.

남쪽 바다에서 이순신을 만나요

우리나라 남쪽 끝에는 푸르고 아름다운 바다가 동서로 길게 펼쳐져 있어.

여기는 해안선이 굽이굽이 복잡하고, 움푹 들어간 만과 뾰족하게 튀어나온 반도,

그리고 수많은 섬들이 모여 있는 남해야. 남해는 정말 아름답지. 그런데 알고 있니?

400여 년 전, 이 아름다운 남해가 우리나라의 운명을 가른 치열한 전쟁터였다는 사실을!

1592년, 일본이 우리나라를 침략해 임진왜란이 일어났을 때의 일이야.

일본은 육지로는 군대를 보내 한양을 점령하고, 바다로는 병사와 물자를 실어 나르며

남해를 거쳐 올라가려는 계획을 세웠어. 하지만 이 작전은 실패하고 말아.

이순신이 남해를 굳건히 지킨 덕분이었지.

이순신은 일본과의 싸움에서 그야말로 한 번도 지지 않았거든!

이렇게 이순신 장군이 활약했던 남해로 함께 떠나 보자!

23전 23승을 이룬 곳, 남쪽 바다

임진왜란 동안, 이순신은 왜군과 스물세 번 싸워서 스물세 번 모두 이겼어. 남해 서쪽 끝에서 동쪽 끝까지 거침없이 다니며 왜군을 물리쳤지. 남해는 조선과 일본군 모두에게 무척 중요한 바닷길이었어. 일본군은 남해를 장악해 조선의 최대 곡창 지대인 호남을 손에 넣으려 했고, 남해와 서해를 거쳐 한양과 평양으로 군수 물자와 병사를 실어 나르려 했어. 그렇게 되었다면 임진왜란은 조선의 패배로 끝났을 거야. 이 점을 누구보다 잘 알고 있던 이순신은 남해를 지키기 위해 목숨 걸고 왜군과 싸웠어. 이렇게 이순신이 스물세 번 싸워서 모두 이긴 남해의 전쟁터는 어디일까?

★ 이순신이 전투를 벌인 곳은 분홍 숫자로 표시한 열세 곳과 ⬇로 표시한 열 곳을 합쳐 스물세 곳이야. 이 책에서는 ⬇로 표시한 열 곳을 자세히 돌아볼 거야. 지도에서 숫자가 놓인 위치와 ⬇가 놓인 위치를 찾아봐.

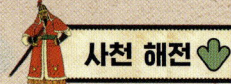
사천 해전 💚

1592년 5월 29일, 경남 사천에서 벌인 해전이야. 거북선이 처음 출전하여 왜군 함선 사이를 헤집고 다녔지. 이순신은 일본군 조총의 사정거리까지 진격했다가 어깨에 총상을 입었어.

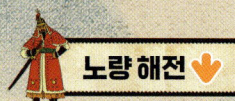
노량 해전 🔸

1598년 11월 19일, 이순신의 마지막 해전으로, 규모가 가장 컸어. 일본으로 돌아가려는 왜군을 끝까지 추격해 왜군 함선 2백여 척을 격침하는 대승을 거두었으나 이순신은 총탄에 맞아 전사했어.

명량 해전 ⬇

1597년 9월 16일, 삼도수군통제사로 다시 임명된 이순신이 해남과 진도 사이의 울돌목에서 13척의 함선으로 133척의 왜군과 맞서 싸워 승리한 해전이야. 이 패배로 일본은 끝내 서해 진출에 실패했지.

13

절이도 해전 ⬇

1598년 7월 19일, 고흥에 있는 절이도 앞바다에서 왜군 함선 50여 척을 침몰시킨 해전이야. 조선 명나라 연합군의 첫 합동 작전이었으나 명나라 수군은 뒤에서 구경만 했어.

1 합포 해전
1592년 5월 7일, 진해 합포에서 치렀어.

2 적진포 해전
1592년 5월 8일, 통영 적진포에서 벌였어.

3 제1차 당항포 해전
1592년 6월 5일, 당포 해전 승리 후 고성 당항포에서 벌였어.

4 율포 해전
1592년 6월 7일, 거제도 율포에서 벌였어.

5 장림포 해전
1592년 8월 29일, 장림포에서 치렀어.

6 화준구미 해전(부산포 해전)
1592년 9월 1일, 부산 물운대 근처 화준구미에서 벌였어.

7 다대포 해전(부산포 해전)
1592년 9월 1일, 부산 다대포 앞바다에서 치렀어.

8 서평포 해전(부산포 해전)
1592년 9월 1일, 부산 서평포에서 벌였어.

9 절영도 해전(부산포 해전)
1592년 9월 1일, 부산 절영도 앞바다에서 치렀어.

10 초량목 해전(부산포 해전)
1592년 9월 1일, 부산 초량목에서 벌였어.

11 웅포 해전
1593년 2월 10일~3월 6일, 창원 웅포에서 벌였어.

12 장문포 해전
1594년 10월 1일~11월 18일, 거제도 장문포에서 치렀어.

13 벽파진 해전
1597년 9월 7일, 진도 벽파진에서 벌였어.

제2차 당항포 해전
1594년 4월 23일, 이순신이 고성 당항포 근처에서 왜군을 몰아내기 위해 벌인 전투야. 삼도수군통제사가 된 이후 벌인 첫 번째 해전으로, 왜군 함선 31척을 침몰시켰어.

안골포 해전
1592년 7월 10일, 이순신이 진해 안골포에 있던 왜군 함선 42척을 침몰시켰어. 일본군은 이 패배로 호남 진출을 완전히 포기했지.

부산포 해전
1592년 9월 1일, 일본군의 본거지인 부산포를 직접 타격했어. 왜군 함선 1백여 척을 격침해 이제까지 벌인 전투 중 가장 많은 적선을 깨부수었어.

11 5 8 10
6 7 9

2 12 4

옥포 해전
1592년 5월 7일, 거제도 옥포에서 벌인 이순신의 첫 번째 해전이야. 이 전투에서 일본 함선 26척을 침몰시켰어. 왜군은 4천여 명 사망했어. 조선 수군 사망자와 부상자는 없었지.

당포 해전
1592년 6월 2일, 이순신과 전라우수사 이억기의 연합 함대가 통영 당포 앞바다에 있던 왜군 함선 21척 전멸시켰어. 왜군 장수 구루시마 미치유키가 사망했어.

한산도 해전
1592년 7월 8일, 거제와 통영 사이에 있는 한산도 앞바다로 일본 함선을 유인해 학익진으로 크게 이긴 해전이야. 적선 59척을 침몰시켰지.

옥포 해전

옥포 해전 전투 개요

언제 : 1592년 5월 7일

어디서 : 거제도 옥포

누가 : 이순신과 원균의 연합 함대와
도도 다카토라가 이끄는 일본 수군

전투 결과 : 조선 수군 부상자 1명,
왜군 함선 26척 침몰,
왜군 4천여 명 사망

임진왜란 해전에서 거둔 첫 승리

　임진왜란이 일어난 지 며칠 뒤, 이순신은 경상우수사 원균에게서 도움을 요청하는 편지를 받았어. 이순신은 곧바로 부하 장수들과 함께 싸우러 갈지 말지 의논했어. 하지만 의견이 갈려 격렬한 논쟁이 벌어졌어. 논쟁 끝에 이순신은 싸우러 가기로 결심하고, 1592년 5월 4일 새벽 전라좌수영이 있는 여수에서 출발했어.

　사흘 뒤인 5월 7일, 이순신 함대는 거제도 옥포 앞바다에서 왜군 함대를 발견했어. 병사들은 흥분했지만 이순신은 침착하게 명령했어.

　"망령되이 움직이지 말고, 산처럼 정중하라!"

　마침내 공격 명령이 떨어졌어. 조선 수군은 화포를 쏘아 왜군 배 26척을 침몰시켰어. 4천 명에 가까운 왜군이 전사했지만, 조선 수군은 단 한 명의 부상자만 있었어. 조선 수군이 임진왜란에서 거둔 첫 승리였지.

　이 승리는 그동안 지쳐 있던 조선 병사들과 백성들에게 이길 수 있다는 큰 용기를 주었어. 이순신 함대는 합포와 적진포에서도 왜군 배 수십 척을 격파하며 승리를 이어 갔고, 환호와 함께 여수로 돌아왔어.

먼 거리에서도 정확한 한 방과 영리한 전략

이순신은 옥포 해전에서 조선 수군의 강력한 화포를 활용해 먼 거리에서 왜군을 공격했어. 적군과 가까이 붙어 싸우는 일본식 전투법과 달리, 조선 수군은 멀리 떨어진 곳에서도 정확하게 포를 쏘아 적군의 배를 침몰시켰지. 이 전략 덕분에 조선 수군은 피해를 최대한 적게 하면서 큰 승리를 거둘 수 있었어.

이순신을 찾아라!

수군을 몰고 옥포에 도착한 이순신은 흥분에 휩싸인 부하들에게 이렇게 말했어. "망령되이 움직이지 말고 산같이 정중하라!" 이순신은 어느 배에서 이렇게 외치고 있을까? 찾아봐!

원거리 함포 사격 전술

가로로 늘어선 판옥선 위에서 일제히 포탄을 발사시키면 우르르 포탄이 날아가 왜군 함선을 세게 때린다. 포탄에 맞은 왜군 함선들은 가라앉기 시작한다. 바로 먼 거리에서 화포를 발사하는 원거리 함포 사격 전술이다.

조총의 사정거리

일본군의 신식 무기인 조총의 사정거리는 약 50~70미터였다.

총통의 사정거리

크기에 따라 사정거리가 1킬로미터에서 2.4킬로미터에 이른다.

일자진

이순신은 옥포 앞바다에 왜군 함선 50여 척이 정박해 있다는 보고를 받고 먼 거리에서 일자진을 쳤다. 일자진이란 적들이 도망가지 못하도록 한 일(一) 자 모양처럼 가로로 늘어선 모양을 말한다.

원거리 함포 사격술에 쓴 화포의 종류

총통은 화포라고도 하는데, 포는 화약의 폭발력을 이용해 화살과 탄환을 발사하는 무기다. 청동으로 만들었으며, 크기에 따라 천자문 순서인 천·지·현·황을 이름에 붙였다.

천자총통

조선 화포 가운데 가장 크고 사정거리가 긴 화포. 무쇠로 만든 둥근 탄환과 2미터에 달하는 나무에 쇠 날개를 단 로켓 모양의 대장군전을 발사한다. 사정거리 약 1.4킬로미터.

지자총통

천자총통에 이어 두 번째로 큰 총통. 나무로 만든 화살 장군전과 무쇠로 만든 철탄환을 사용한다. 사정거리 약 1킬로미터.

현자총통

총통 중 세 번째로 큰 총통. 차대전이라는 화포 전용 화살과 새알 크기의 조란탄 1백여 개를 한 번에 발사한다. 전용 화살인 차대전을 쓸 경우 사정거리가 약 2.4킬로미터여서 조선 수군의 주력 무기로 사용되었다.

황자총통

총통 가운데 가장 작은 총통. 철탄환 40여 개를 장전할 수 있다. 사정거리 약 1킬로미터.

사천 앞바다에 첫 등장한 거북선

옥포 해전에서 이순신에 크게 지고도, 왜군은 남해를 지나 서해안으로 올라가려는 계획을 포기하지 않았어. 이 사실을 알게 된 이순신은 경상도 바다로 나가 왜군을 다시 치기로 마음먹었지. 그때 경상우수사 원균에게서 급한 전갈이 도착했어.

"왜군 함선 10여 척이 사천으로 진격하고 있으니 도와 주시오."

이순신은 바로 함대를 이끌고 사천으로 향했어. 노량에서 원균이 이끄는 판옥선 3척과 합류한 뒤, 사천 앞바다에 도착했지. 먼저 왜군의 척후선(적의 움직임을 정찰하는 배) 한 척을 쳐부수고 사천 포구에 정박해 있는 왜군 함선을 향해 나아갔어. 하지만 썰물 때문에 포구로 들어갈 수 없게 되자 왜군을 밖으로 유인했어.

왜군이 쫓아오자 이순신은 거북선 2척을 적진 한가운데로 돌진시켰어. 거북선 양쪽에서 화포가 발사되자 왜군은 크게 당황했지. 혼란에 빠진 왜군 함대가 포구로 도망치자 이순신은 일제히 화포와 불화살을 쏘았어. 마침내 왜군 함선 10여 척이 침몰했어. 이순신은 조총에 왼쪽 어깨를 맞았지만 끝까지 싸워 또다시 완벽한 승리를 거두었어.

사천 해전 전투 개요

언제 : 1592년 5월 29일

어디서 : 사천 앞바다와 포구

누가 : 이순신과 원균의 연합 함대 판옥선 24척과
거북선 2척 **대** 일본 함대 13척

전투 결과 : 조선 수군 이순신과 나대용 총상.
왜군 함선 13척 격침.
왜군 2천6백 명 사망.

19

유인 작전과 돌격 작전의 완벽한 조화

이순신은 사천에 정박해 있는 왜군 함대를 공격하려 했지만, 썰물이라 가까이 다가갈 수 없었어. 그래서 일부러 거북선을 움직여 적을 포구 밖으로 끌어내는 유인 작전을 펼쳤어. 지붕이 덮인 이상한 배(거북선)를 본 왜군은 배 위에 올라타 백병전을 하려고 따라 나왔어. 그때 거북선은 갑자기 방향을 바꾸어 적진 한가운데로 달려드는 돌격 작전에 들어갔어. 거북선은 왜군 배를 들이받고 양쪽에서 화포를 쏘았어. 왜군은 거북선에 올라탔지만 뾰족한 쇠못에 찔려 물러났지. 포구로 도망치는 적을 향해 이순신은 밀물을 따라 들어가 마지막까지 공격해서 왜군 함선을 모두 불태우고 승리했어.

조선 수군의 비밀 병기, 거북선

거북선은 돌격이 주요 임무였다. 적진으로 곧장 들어가 적선을 직접 부수거나 적진 사이를 누비며 화포를 쏴 배를 침몰시켰다. 거북선 앞에서 일본 수군은 힘을 쓸 수 없었다. 조총 탄환은 두꺼운 판옥선에 박히기만 할 뿐이었고, 배에 올라타 싸우는 백병전 전술은 쇠못을 두른 철갑 지붕 때문에 아예 불가능했다.

이순신을 찾아라!

적진 한가운데로 거북선 두 척을 출격시켜 왜군을 혼란에 빠트렸지만 조총의 사거리까지 다가간 이순신은 어깨에 총탄을 맞고 말았어. 총탄을 맞은 이순신은 어디에 있을까? 이순신을 찾아봐!

거북선은 철갑선일까?

거북선은 조선 수군의 주력 선인 판옥선에 철갑 지붕을 씌운 구조였다. 따라서 철갑선이라고 해도 틀린 말은 아니다. 철갑 지붕을 씌운 이유는 불로 공격하는 적에 대비하기 위해서였고, 쇠못을 박아 왜군이 배에 기어오르지 못하게 하기 위해서이기도 했다.

연기와 불을 뿜는 용 머리

거북선은 용 머리의 아가리에 화포를 발사하는 구멍이 있다. 이곳으로 염초와 유황을 태운 연기를 내보내고 화포를 발사했다. 용 머리에서 불을 뿜으며 화포가 발사되면 왜군은 포탄이 떨어지기도 전에 그 모습에 기절하고 싶었을 것이다.

전후좌우 화포 발사대

판옥선과 마찬가지로 거북선은 배의 전후좌우에서 화포를 발사했다. 배에는 천자총통부터 황자총통까지 다양하게 설치돼 있었다. 주력 화포는 배의 양옆 가운데에 설치돼 있는데, 한 번 발사하고 난 뒤 빠르게 배를 회전하면 연속 발사도 가능했다.

2층일까, 3층일까?

거북선은 판옥선 위에 거북이 등처럼 생긴 철갑 지붕을 덮어 만든 배다. 거북선이 2층이었는지 3층이었는지를 두고는 의견이 갈리지만, 최근에는 3층이었다고 보는 의견이 많다. 배 길이는 26~28미터, 폭은 9~10미터, 높이는 6~6.5미터로 추정된다.

거침없는 거북선의 돌격

사천 해전에서 승리한 이순신은 사량도에 함대를 정박시키고 병사들을 쉬게 했어. 승리한 기쁨과 총상을 입은 고통이 뒤섞인 밤이 지나고, 아침이 밝았어. 적의 움직임을 살피던 척후선이 급히 돌아와 이순신에게 보고했어.

"장군, 지금 왜선 20여 척이 당포에 정박해 있습니다."

이순신은 조금도 망설이지 않고 함대를 이끌고 당포로 향했어. 두 시간 만에 통영 근처 당포 앞바다에 도착했어. 그곳에는 왜선 21척이 정박해 있었고, 일부 왜군은 성안으로 들어가 노략질을 하고 있었어.

"돌격하라!"

이순신은 오른팔을 높이 쳐들며 외쳤어. 거북선 두 척이 맨 앞에서 왜군 함대를 향해 돌격했어. 그중 한 척은 가장 크고 화려한 왜군 지휘선을 들이받은 뒤, 용 아가리에서 화포를 발사했지. 뒤따르던 조선 수군도 화포를 쏴 왜선을 부수고, 화살을 퍼부어 왜군을 물리쳤어.

당포에서 이순신 함대는 왜선 21척을 모두 쳐부수고 이름난 왜군 장수의 목을 베어 일본군의 사기를 꺾고 조선 수군의 사기를 드높였어.

당포 해전 전투 개요

언제 : 1592년 6월 2일
어디서 : 통영 앞바다 당포 포구
누가 : 이순신과 원균의 연합 함대 판옥선 23척과
거북선 2척 대 일본 함대 21척
전투 결과 : 왜군 함선 21척 격침,
왜군 장수 구루지마 미치유키 사망.

함포를 쏘고
최종 병기 활로 마무리!

이순신 함대의 기본 전술은 원거리 함포로 쏜 뒤에 활로 마무리하는 거야. 이 전술은 두 가지가 있어서 가능했어.

첫째는 거북선. 철갑을 두른 거북선은 조총과 불화살 공격에도 끄떡없었어. 왜군이 배에 올라타지 못하게 막으면서, 적의 배 가까이 다가가 곧바로 화포를 쏘아 더 정확하고 빠르게 적의 배를 침몰시켰지.

둘째는 활. 거북선 덕분에 조선 수군은 활의 사정거리까지 가까이 다가갈 수 있었어. 그리고 화살을 쏘아 왜군을 물리쳤지. 이순신은 활쏘기를 아주 중요하게 생각했어. 임진왜란이 일어나기 1년 전부터 자주 활쏘기 대회를 열어 병사들의 실력을 키웠고, 자신도 틈날 때마다 활을 쏘았어. 당포 해전의 마지막 승부를 결정지은 무기는 바로 조선 수군의 최종 병기인 활이었어.

이순신을 찾아라!

왼쪽 어깨에 박힌 탄환을 빼내는 수술을 받고 바로 당포로 향한 이순신은 노략질하는 왜군들을 보자 외쳤어. "돌격하라!" 오른팔을 높이 쳐들고 외치는 이순신을 찾아봐.

전통 활 각궁

각궁은 우리 민족의 전통 활이다. 대나무, 참나무, 뽕나무 등 질기고 탄력이 좋은 나무에 물소 뿔과 쇠심줄 등을 섞어 만든다. 양궁에 비해 크기는 작지만 탄력성과 위력은 더 뛰어나다. 임진왜란 때 조선군이 주로 사용했다.

애기살 편전

보통 화살의 절반 길이밖에 안 되는 작은 화살이다. 화살 자체로는 활에 장전을 할 수 없어서 대나무를 반으로 쪼갠 통아라는 기구 안에 넣어 발사한다. 보통 화살보다 길이는 작지만 위력은 더 뛰어났다. 속도도 빨랐고, 더 멀리 날아갔다. 속도가 빠른 만큼 위력도 더 커 쇠갑옷과 투구를 뚫을 정도였다.

로켓 화살 신기전

신기전 앞부분에는 원통 모양 화약통이 붙어 있다. 화약통에 불이 붙으면 가스가 발생하는데, 이 가스가 신기전의 뒤쪽에 난 구멍으로 뿜어 나오면서 그 힘으로 날아가게 만든 무기다. 현대의 로켓과 같은 원리로 작동한다. 조선 수군은 신기전을 왜군 전선에 불을 붙이는 데 이용했다. 육지 전투에서는 신기전을 다연발 발사체인 화차에 실어서 한 번에 수십 발을 발사할 수 있었다.

애기살 편전

각궁

신기전

형제는 용감했지만

겁도 없이 안택선 높은 누각에 앉아 전투를
지휘하다가 이순신의 부하 권준이 쏜 화살에
맞아 죽은 왜군 장수의 이름은 구루지마
미치유키. 그는 유명한 해적 집안 출신이었는데,
동생도 함께 임진왜란에 출전했다. 이순신에
이를 갈며 형의 복수를 다짐하던 동생 구루지마
미치후사는 5년 뒤 명량 해전에서 선봉장이 되어
이순신과 만나는데, 동생 역시 형과
같은 운명을 피해 가지는 못했다.

이순신을 찾아라!

일본 정예 함대의 공격 소식을
전해 들은 이순신은 치밀한
작전 회의를 거쳐 한산도
해전에서 학익진 전술을 펼쳤어.
작전은 대성공이었지. 지휘선
위에서 멋지게 작전을 지휘하는
이순신을 찾아봐!

왜군의 서해 진출 계획을 좌절시킨 승리

왜군이 남해에서 계속 지자 도요토미 히데요시는 머리끝까지 화가 났어. 그래서 와키자카 야스하루에게 "이순신을 없애라!"는 명령을 내렸지. 이순신은 왜군 정예 함대가 공격해 온다는 소식을 듣고, 전라우수사 이억기, 경상우수사 원균과 함께 작전을 빈틈없이 짰어.

마침내 1592년 7월 8일 아침, 와키자카 야스하루가 이끄는 왜군 함대가 견내량에 나타났어. 이순신은 그들을 넓은 한산도 앞바다로 유인했어. 유인 작전에 걸려든 왜군 함대 70여 척은 조선 수군 함대를 쫓아 거세게 따라왔어. 왜군이 가까이 다가오자 조선 함대는 갑자기 뱃머리를 돌려 학이 날개를 펼친 모양으로 대형을 만들었어. 그러고는 일제히 화포를 쏘기 시작했어. 집중 포격 끝에 왜선 59척을 격침시키며 큰 승리를 거두었지.

이곳에서 승리한 덕분에, 남해와 서해로 병사와 군용 물자를 실어 나르려던 일본군의 계획을 좌절시킬 수 있었어. 또한 곡창 지대인 전라도를 지켜 내면서 전라도가 전쟁에 필요한 물자를 조선 수군에게 보내는 중요한 역할을 계속할 수 있게 했어.

학익진 진법으로 일본 함대 공격

한산도 해전에서 이길 수 있었던 비결은 <u>유인 작전</u>과 <u>학익진</u> <u>전술</u>이었어. 이순신은 견내량이 너무 좁아서 싸우기 어려운 것을 알고, 왜군을 한산도 앞바다로 유인했어. 그리고 학익진으로 포위하고 공격했지. 이때 활약한 배가 판옥선이야. 판옥선은 제자리에서 빠르게 방향을 바꾸는 능력이 뛰어났거든. 조선 수군은 판옥선으로 왜군을 포위한 뒤, 화포를 계속 쏘아서 일본 함대를 무찔렀어.

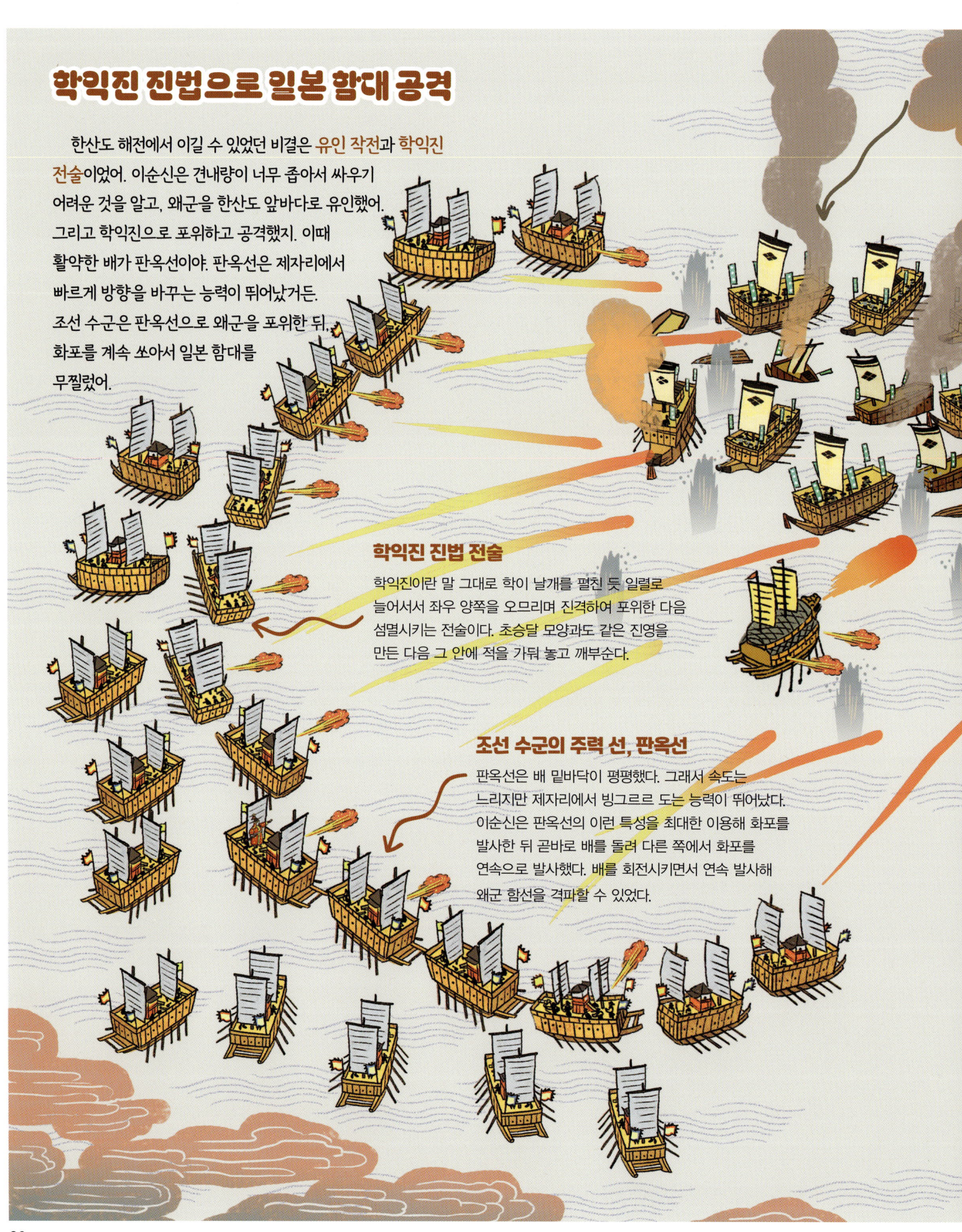

학익진 진법 전술

학익진이란 말 그대로 학이 날개를 펼친 듯 일렬로 늘어서서 좌우 양쪽을 오므리며 진격하여 포위한 다음 섬멸시키는 전술이다. 초승달 모양과도 같은 진영을 만든 다음 그 안에 적을 가둬 놓고 깨부순다.

조선 수군의 주력 선, 판옥선

판옥선은 배 밑바닥이 평평했다. 그래서 속도는 느리지만 제자리에서 빙그르르 도는 능력이 뛰어났다. 이순신은 판옥선의 이런 특성을 최대한 이용해 화포를 발사한 뒤 곧바로 배를 돌려 다른 쪽에서 화포를 연속으로 발사했다. 배를 회전시키면서 연속 발사해 왜군 함선을 격파할 수 있었다.

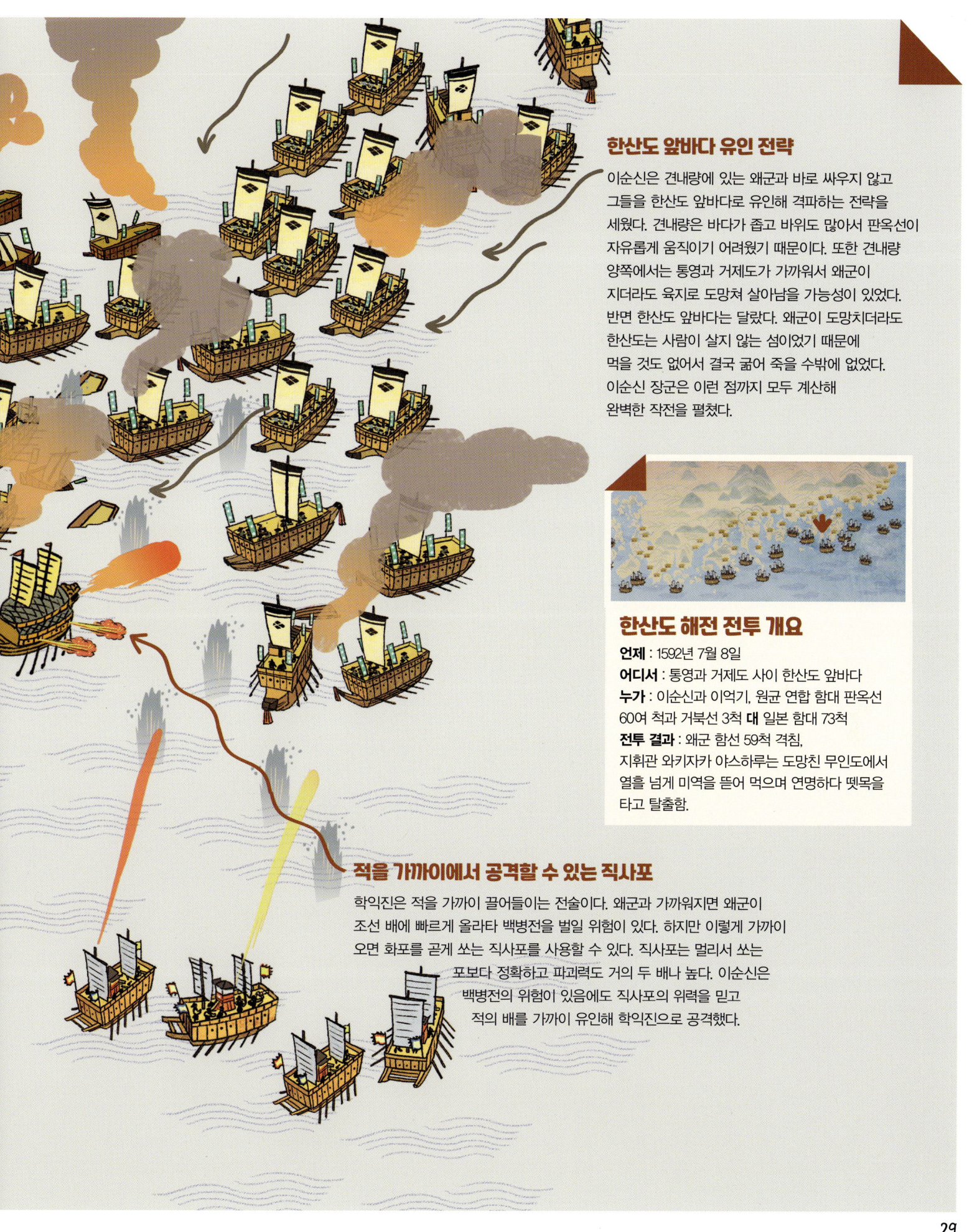

한산도 앞바다 유인 전략

이순신은 견내량에 있는 왜군과 바로 싸우지 않고
그들을 한산도 앞바다로 유인해 격파하는 전략을
세웠다. 견내량은 바다가 좁고 바위도 많아서 판옥선이
자유롭게 움직이기 어려웠기 때문이다. 또한 견내량
양쪽에서는 통영과 거제도가 가까워서 왜군이
지더라도 육지로 도망쳐 살아남을 가능성이 있었다.
반면 한산도 앞바다는 달랐다. 왜군이 도망치더라도
한산도는 사람이 살지 않는 섬이었기 때문에
먹을 것도 없어서 결국 굶어 죽을 수밖에 없었다.
이순신 장군은 이런 점까지 모두 계산해
완벽한 작전을 펼쳤다.

한산도 해전 전투 개요

언제 : 1592년 7월 8일
어디서 : 통영과 거제도 사이 한산도 앞바다
누가 : 이순신과 이억기, 원균 연합 함대 판옥선
60여 척과 거북선 3척 **대** 일본 함대 73척
전투 결과 : 왜군 함선 59척 격침,
지휘관 와키자카 야스하루는 도망친 무인도에서
열흘 넘게 미역을 뜯어 먹으며 연명하다 뗏목을
타고 탈출함.

적을 가까이에서 공격할 수 있는 직사포

학익진은 적을 가까이 끌어들이는 전술이다. 왜군과 가까워지면 왜군이
조선 배에 빠르게 올라타 백병전을 벌일 위험이 있다. 하지만 이렇게 가까이
오면 화포를 곧게 쏘는 직사포를 사용할 수 있다. 직사포는 멀리서 쏘는
포보다 정확하고 파괴력도 거의 두 배나 높다. 이순신은
백병전의 위험이 있음에도 직사포의 위력을 믿고
적의 배를 가까이 유인해 학익진으로 공격했다.

마침내 무너뜨린 일본 수군 주력 함대

　한산 해전에서 크게 이긴 날 밤, 이순신과 병사들은 모처럼 편안하게 쉴 수
있었어. 그런데 적의 움직임을 살피던 정찰선에서 급한 보고가 전해졌지.

　"적선 40여 척이 안골포에 줄지어 있습니다."

　이순신은 곧바로 출동 명령을 내렸어. 함대는 7월 10일 새벽, 진해 안골포에
도착했어. 날이 밝자 이순신은 또 학익진을 펼치고 왜군을 향해 화포를 쏘기
시작했어. 하지만 이번에는 왜군이 쉽게 속지 않았어. 이에 이순신은 학익진을 풀고
판옥선을 두 척씩 차례로 앞으로 나가게 하면서 화포를 쏘게 했어. 그렇게 하루
종일 치열하게 싸운 뒤에 조선 수군은 왜선 42척을 모두 무찌르고 불태웠어.

　살아남은 왜군은 도망치듯 부산진으로 후퇴했고, 조선 수군은 부산을 빼고
남쪽 바다를 모두 지켜냈어. 이제 일본군은 바다와 육지에서 함께 공격하려던
계획을 포기할 수밖에 없었어. 그러자 평양성에 있던 고니시 유키나가는 아주
곤란한 상황에 빠졌어.

안골포 해전 전투 개요

언제 : 1592년 7월 10일
어디서 : 진해 안골포 앞바다
누가 : 이순신과 이억기,
　　　　원균 연합 함대 판옥선 60여 척,
　　　　거북선 3척 **대** 일본 수군 주력 함대 42척,
　　　　일본군 지휘관 구키 요시타카
전투 결과 : 조선군 19명 전사,
　　　　일본군 250여 명 전사,
　　　　왜군 함선 42척 격침.

바다 지형, 밀물과 썰물을 이용한 맞춤형 전술

안골포 해전은 지금까지 벌인 전투 가운데 조선 수군의 희생이 가장 컸어. 이 전투에서 조선 병사 19명이 전사하고, 100명이 넘는 병사가 다쳤지. 이렇게 희생이 컸던 것은 안골포의 지형과 왜군의 대응 때문이었어.

안골포 포구는 좁고, 깊이가 얕았어. 썰물이 되면 뻘이 드러나서 판옥선이 묶일 위험이 있었지.

그래서 이순신은 왜군을 포구 밖으로 유인해 싸우려 했어. 하지만 한산도 해전에서 호되게 당한 왜군은 밖으로 나오려 하지 않았어. 대신 육지의 언덕에 포와 조총 사격수를 숨겨 놓고 조선 수군을 공격했어. 그렇다면 이순신은 이 위기를 어떻게 이겨 냈을까?

이순신은 유인 작전을 버리고 판옥선 두 척을 한 쌍으로 만들어 차례로 적진에 돌진하게 했어. 한 쌍이 진격해 화포를 쏘고 돌아오면 다음 쌍이 곧바로 들어가 공격하는 방식이었지. 이렇게 판옥선들이 번갈아 가며 계속 공격하자 왜군도 버티지 못하고 지고 말았어.

조선 판옥선

일본 안택선

이순신을 찾아라!

안골포에서 왜군이 유인 작전에 말려들지 않자 이순신은 판옥선을 두 척씩 차례로 진격시켜 화포를 쏘게 했어. 그렇게 왜선 42척을 격침시켰지. 이순신은 안골포 지휘선 어디에서 공격 명령을 내리고 있었을까?

조선 수군 연전연승의 중심, 판옥선

이순신이 연달아 승리할 수 있었던 비결은 여러 가지 전략 덕분이었다. 먼 거리에서 포를 쏘는 원거리 함포 사격, 거북선을 앞세운 돌격, 적을 포위하는 학익진 전술 같은 전략을 자유자재로 썼다. 이 모든 전략의 중심에는 판옥선이 있었다. 튼튼하고 잘 움직이는 판옥선 덕분에, 이순신은 어떤 전투에서도 물러서지 않고 끝까지 싸워 이길 수 있었다.

배의 재료
판옥선 : 소나무 사용. 무겁고 느리지만 튼튼함. 조총의 탄환이 뚫지 못하고 박힘.

안택선 : 삼나무 사용. 가볍고 빠르지만 약함. 화포 공격에 부서지기 쉬움.

함포 사격
판옥선 : 화포 발사의 반동을 견딜 만큼 견고함. 전후좌우에 화포 설치.

안택선 : 화포 발사의 반동을 견디기 어려움. 그래서 함포 사격 불가.

건조 방식
판옥선 : 나무못을 사용해 시간이 지날수록 단단하게 연결됨.

안택선 : 쇠못을 사용해 물에서 시간이 오래되거나 충격이 가해지면 부서지기 쉬움.

배의 모양
판옥선 : 밑바닥이 평평한 U자형(평저선), 속도는 느리지만 회전 능력이 뛰어남.

안택선 : 밑바닥이 뾰족한 V자형(첨저선), 속도는 빠르지만 회전이 불안함.

적장도 탐낸 조선의 무기, 대장군전

천자총통으로 발사한 대장군전은 길이 2미터, 무게 35킬로그램, 사거리는 1킬로미터에 달하는 미사일 모양의 발사체였다. 대장군전은 왜군 함선의 바닥을 뚫어 배를 침몰시킬 만큼 강력한 위력을 지녔다.

안골포 해전 당시 대장군전은 왜군 장수 구키 요시타카가 지휘하는 안택선에 명중했다. 구키는 도망가는 와중에도 이 대장군전을 챙겼고 일본까지 가져갔다. 조선의 무기를 연구하기 위해서였는지, 패전 책임을 추궁당할 때 이런 무시무시한 무기 때문에 어쩔 수 없이 졌다고 변명하기 위해서였는지는 알 수 없다.

왜군의 심장부 타격

"왜군의 본거지인 부산포를 공격하라!"

한산도 해전과 안골포 해전에서 승리한 뒤 여수에 머물던 이순신에게 선조 임금의 명령이 내려왔어. 사실 이순신도 부산포를 공격할 마음을 먹고 있었기에 출전할 때가 되었다고 생각했지.

그동안 이순신은 병사를 더 모으고 판옥선을 새로 만들어 병력을 키웠어. 또 전라우수사 이억기 함대를 불러 한 달 가까이 실제 전투처럼 훈련했어. 그리고 마침내 8월 24일 부산포로 출발했어.

부산포로 가는 길에 8월 29일 장림포에서 왜선 몇 척을 무찔렀고, 9월 1일에는 하준구미, 다대포, 서평포, 절영도 근처 바다에서 왜선 24척을 격침했어. 그리고 드디어 부산포 공격에 나섰어.

이순신 연합 함대가 부산포로 진격하자, 왜군은 470척이나 되는 배를 해안가에 그대로 둔 채 모두 육지로 도망쳤어. 그리고 언덕 위에 진지를 쌓아 조선 함대를 공격했지. 하루 종일 치열한 전투가 벌어졌고, 이순신 함대는 왜군 함선 100여 척을 부수고 불태우는 큰 승리를 거두었어. 하지만 앞장서서 싸우던 장수 정운이 총에 맞아 전사했어. 정운은 이순신이 가장 믿던 부하였어. 이순신은 누구보다 깊이 슬퍼하며 눈물을 흘렸어.

34

장사진으로 진격한 뒤 화포를 펑펑!

이순신은 어떻게 부산포에서 크게 이길 수 있었을까?
왜군은 이순신의 공격에 대비해 470척의 배를 세 곳에
나누어 정박시켰어. 그리고 해안가 언덕 위 여섯 곳에 진지를
만들고, 그곳에서 조선 수군을 향해 포와 조총을 퍼붓는
작전을 썼어. 배를 잃더라도 목숨은 건지겠다는 생각이었지.

이에 맞서 이순신은 먼저 거북선을 적진으로 출동시켰어.
언덕 위에서 비처럼 쏟아지는 총탄을 맞으면서도 거북선은
적의 배를 들이받고 깨부수기 시작했어. 그 뒤를 따라
판옥선들이 '장사진' 대형으로 진격했어. 장사진은 뱀이 길게
줄을 지어 차례대로 나아가는 공격 방식이야. 조선 수군은
차례대로 각종 총통을 쏘아 적선을 격침시키고, 언덕 위에서
조총을 쏘는 일본군을 향해서 화살을 날렸지. 이 전투는
해가 질 때까지 이어졌고, 조선 수군은 100척이 넘는 왜선을
격침하는 큰 승리를 거두었어.

우키타 히데이에
도요토미 히데요시의 양자로,
일본군 본진이 있는 부산에서
육군과 수군을 총지휘하였다.
그러나 부산포 해전에서
이순신에게 크게 진 뒤, 분을
이기지 못해 화병으로
사망하고 말았다.

부산포 해전 전투 개요
언제 : 1592년 9월 1일
어디서 : 부산포 앞바다
누가 : 이순신, 이억기, 원균 연합함대 판옥선
　　　　80여 척과 거북선 3척 대
　　　　일본 수군 주력 함대 470척
전투 결과 : 조선군 6명 전사, 부상자 25명.
　　　　　왜군 함선 100여 척 격침,
　　　　　일본군 다수 전사.
일본군 지휘관 : 구키 요시타카, 도도 다카토라,
　　　　와카자키 야스하루, 우키타 히데이에 등 다수

뱀처럼 세로로 길게 진을 치는 장사진
부산포 해전에서 장사진을 펼친
이유는 지형 조건 때문이었다.
부산포는 한산도 앞바다처럼
넓은 곳이 아니었다. 때문에
가로 대형으로 한 번에 함대를
출격시킬 수 없었다. 그래서
장사진을 펼쳐 공격에
나섰던 것이다.

이순신을 찾아라!
장수 정운은 부산포 해전에서
앞장서 싸우다가 왜군의
조총에 맞아 전사했어.
오른팔을 잃은 이순신은 슬픔의
눈물을 흘렸지. 정운의 죽음을
슬퍼하는 이순신을
찾아봐!

도도 다카토라

유명한 수군 장수이자 성을 쌓는 기술이 뛰어난 인물이었다. 그런 그도 옥포 해전에서 이순신에 호되게 당한 뒤로 이순신에 대한 두려움을 갖게 되었다.

와키자카 야스하루

이순신 함대를 격파해 일본 최고의 장수라는 이름을 얻겠다는 야심을 품었다. 그러나 한산도 해전에서 크게 져서 무인도로 도망가 열흘 동안 미역만 먹으며 버티다가 겨우 탈출한 뒤 부산포에 들어온 뒤로는 이순신과 다시는 싸우려 하지 않았다.

구키 요시타카

무서운 해적으로 유명했지만, 안골포 해전에서 이순신 장군과 싸운 뒤부터는 이순신을 보기만 하면 피하려고 했다. 마치 피하는 게 제일 좋은 방법인 것처럼 행동했다.

이순신 앞에서 꼬리를 내린 왜군 장수들

부산포 해전 당시, 그곳에는 도요토미 히데요시가 인정한 일본의 내로라하는 장수들이 모두 모여 있었다. 일본군 안에서도 실력 있는 지휘관이었지만 부산포 해전에서는 제대로 싸워 보지도 못했다. 그들이 할 수 있었던 건 도망치거나 숨어 버리는 것 뿐이었다. 그렇게 된 데는 단 하나의 이유가 있었다. 바로 이순신이었다.

더욱 굳건히 지켜 낸 조선의 바다

부산포 해전이 끝나고 1년쯤 지난 뒤, 이순신은 삼도수군통제사에 임명되었어. 삼도수군통제사란 전라도, 경상도, 충청도의 수군을 지휘하는 총사령관으로, 오늘날 해군 참모총장과 비슷한 자리야. 이순신은 한산도에 지휘 본부인 삼도수군통제영을 세우고 왜군이 서쪽으로 나오지 못하게 남해를 굳게 지켰어.

그러던 1594년 봄, 왜군이 이순신 몰래 남해안 곳곳에서 사람들을 해치고 물건을 빼앗는 다는 이야기를 들었어. 이순신은 더 이상 왜군이 이런 짓을 하지 못하게 혼쭐을 내주기로 했지. 그때, 왜군 배 30여 척이 진해 당항포로 몰려가고 있다는 첩보가 들어왔어.

이순신은 삼도수군통제사가 된 뒤 처음으로 전투에 나서기로 했어. 이순신의 명에 따라 광양 현감 어영담은 3월 4일 당항포 근처 바다에서 왜군 함선 10척을 격침했고, 다음 날인 3월 5일 당항포로 쳐들어가 포구에 머물러 있던 적선 21척을 불태웠어. 이순신은 이 전투에서 승리하며 왜군의 약탈을 막고, 남해와 호남을 더욱 굳건히 지킬 수 있었어.

배가 13척뿐이었지만
이순신은 133척의 왜군 함대와
울돌목에서 당당히 싸웠어.
이기기 어려운 싸움이었지만
이순신은 물리쳤지. 적을 향해
활을 쏘는 이순신을
찾아봐!

13척 대 133척이 아니라 1척 대 133척

　명량 해전은 사실 1척 대 133척의 싸움이었어. 이 싸움이 가능했던 이유는 이순신의 지형을 이용한 전술과 두려움을 용기로 바꾸는 용병술 덕분이었지.

　왜군 선봉장 와키자카 야스하루가 이끄는 왜군 함선 130여 척이 울돌목에 나타나자 이순신은 좁은 물길인 울돌목을 이용하기로 했어. 그리고 배들을 가로로 줄 세워서 적을 막는 일자진을 만들었어. 왜군 함대가 공격해 오자 이순신은 포를 쏘라고 명령했지만 겁을 먹은 조선 장수들은 뒤로 물러났지. 결국 이순신은 혼자서 싸울 수밖에 없었어. 이순신은 "한 사람이 길을 지키면 천 명도 막을 수 있다."는 마음으로 물러서지 않았어. 이순신이 탄 배는 왜선들이 가까이 다가오자 직사포로 쏘고, 사다리를 대고 배에 오르는 적을 긴 낫으로 베거나 창으로 찌르며 목숨 걸고 싸웠어. 몇 시간 동안 이어진 싸움은 뒤로 물러났던 김응함과 안위의 배가 이순신을 도우러 올 때까지 계속되었어.

　명량 해전은 13척 대 133척의 싸움이 아니라 이순신이 탄 배 1척 대 왜선 133척의 전투였다고 해도 지나치지 않을 거야.

조류를 이용한 전술

　싸움이 시작된 아침에는 조류가 왜군에게 유리하게 흘렀어. 그래서 이순신은 시간을 끌면서 버티고 또 버텼어. 그러다 정오쯤이 되자, 조류의 방향이 바뀌었어. 조선 수군에게 유리하게 물이 흐르기 시작했어. 그때를 놓치지 않고, 이순신은 총공격을 명령했어. 조선 수군은 빠르게 달려가며 포를 쏘고, 왜선을 하나둘씩 격파했어.

명량 해전 전투 개요

언제 : 1597년 9월 16일
어디서 : 해남과 진도 사이의 울돌목
누가 : 이순신 함대 판옥선 13척 **대**
　　　　도도 다카토라. 와키자카 야스하루. 구루시마
　　　　미치후사가 이끄는 일본 함선 300여 척
전투 결과 : 왜군 함선 31척 격침.

두려움을 용기로 바꾸는 용병술

이순신이 탄 지휘선이 적들에게 포위되자,
병사들의 얼굴이 새파랗게 질렸다. 그때
이순신은 이렇게 병사들에게 외쳤다.
"적이 비록 1천 척이라도 감히 우리 배를
바로 치지 못할 것이다. 절대로 불안에
떨지 말라. 힘을 다해 적을 쏴라!"
그러고는 직접 활을 쏘며 병사들과 함께
싸웠다. 이 모습을 본 병사들은 용기를
내서 끝까지 싸웠고, 마침내 왜군을
물리치고 승리했다.

유인하는 전략

이순신은 남해에서 서해로 가려면 반드시
지나야 하는 울돌목으로 먼저 적을 유인하는 전략을
세웠다. 조선 수군의 배가 수는 적었지만 좁은
울돌목을 잘 지키면 적은 수로도 많은 수와 싸워서
이길 수 있다고 판단했기 때문이다.

되살아난 수군, 되찾은 바다

　명량 해전에서 승리한 뒤, 이순신은 수군을 다시 일으키기 시작했어. 판옥선을 새로 만들고, 병사들을 모으고, 군량미를 확보해 나갔어. 그 결과 판옥선은 60~70척으로 늘어났고, 병사 수도 1만 가까이 이르렀지. 또한 진린 제독이 이끄는 명나라 수군 5천여 명도 조선에 와서, 조명 연합 수군은 아주 강해졌어.

　그러던 1598년 7월 18일 밤, 진린 도독을 환영하는 연회를 하던 중 왜군 함선 100여 척이 절이도* 쪽으로 움직이고 있다는 첩보를 받았어. 이순신은 곧바로 함대를 출격시켰어.

　다음 날 새벽, 절이도 앞바다에서 왜군 함대와 조명 연합 수군이 정면으로 맞섰어. 이순신은 학익진을 펼치고 총통을 펑펑 쏘아 댔지. 그 결과 왜군 함선 50척이 바다에 가라앉았어. 이 싸움에서 이긴 이순신은 조선 수군이 완전히 되살아났다는 걸 보여 줬고, 잃었던 남해의 주도권도 동쪽으로 더 넓힐 수 있었어.

* 절이도 : 오늘날의 고흥군 거금도

이름은 조명 연합 수군, 실제는 조선 수군 단독 작전

절이도 해전은 연합 작전이라기보다는 조선 수군의 단독 작전에 가까웠어. 왜일까?

조선에 파견된 명나라 장수 진린은 성격이 포악하고 탐욕스러운 사람이었어. 남의 나라 전쟁에 와서 굳이 목숨 걸고 싸울 생각도 없었지. 왜군 함대가 공격해 온다는 첩보를 들은 이순신이 출전하려 하자, 진린은 마지못해 따라가긴 했지만 뒤로 물러선 채 조심스럽게 움직였어. 하지만 이순신은 개의치 않았어. 어설픈 연합 작전보다 잘 훈련된 조선 수군의 단독 작전이 낫다고 생각했거든.

조선 수군 60여 척은 원거리 함포 사격 전술과 돌진 작전으로 왜군 함대를 격파했어. 그러는 동안 진린은 멀리서 전투를 지켜보기만 했지. 전투가 끝나자 진린은 조선 수군이 베어 온 왜군의 수급(싸움터에서 목을 베어 얻은 적군의 머리)을 자기에게 달라고 했어. 마치 자기가 싸워 이긴 것처럼 꾸미려는 속셈이었지.

이순신은 왜군 수급 40여 개를 진린에게 주었어. 괜히 포악하고 탐욕스러운 진린과 마찰을 빚고 싶지 않았거든. 그런 덕분이었을까? 그 날 이후 진린은 이순신을 존경하며 정중히 대했어.

이순신을 찾아라!

다시 전열을 가다듬은 이순신은 조명 연합 함대와 함께 절이도 앞바다에서 일본과 마주했어. 이순신 함대는 판옥선을 일렬로 세우며 학익진을 펼쳤어. 왜군을 포위한 판옥선 안에서 싸움을 지휘하는 이순신을 찾아봐!

왜군은 얼레빗 명군은 참빗

유성룡이 쓴 《징비록》에는 '왜군은 얼레빗, 명군은 참빗'이라는 말이 나온다. 얼레빗은 빗살이 성긴 반면, 참빗은 촘촘하고 빽빽하다. 이 말은 조선을 도우러 온 명나라 군대가, 오히려 침략자인 왜군보다 더 심하게 물건을 빼앗고 약탈했다는 백성들의 불만을 담은 것이다. 믿고 있던 명나라 군사가 그런 만행을 저지르자 조선 백성들은 실망했고, 명나라 군사를 참빗이라고 부르며 비꼬기도 했다. 그렇다면 정말 명나라 군사의 만행이 왜군보다 심했을까? 그렇지는 않았다. 왜군의 만행은 비교할 수 없을 만큼 더 심했다.

단독 작전, 적진 속으로 돌격!

절이도 해전은 이순신에게 의미가 큰 전투였다. 명량 대첩 승리의 기운을 이어가야 했고, 동쪽으로 왜군 세력을 몰아내 남해를 통제하는 제해권을 넓혀 나갈 기회였다. 그러나 명군은 불구경하듯 뒤에서 이순신을 돕지 않았다. 그렇다면 남은 건 단독 작전뿐! 멀리서 함포 사격을 하던 이순신은 결단을 내렸다. 적진 속으로 돌격! 조선 함대는 적진으로 돌진하며 함포를 발사했다. 이러한 작전 덕에 명군의 도움 없이 절이도 해전에서 승리할 수 있었다.

말로 표현하기 어려운 일본군의 만행

일본군의 만행은 말로 다 표현할 수 없을 만큼 잔인했다. 그들은 마을을 습격해 죄 없는 조선 백성을 죽이고, 집을 불태웠다. 값비싼 물건과 곡식을 훔쳐 가고, 사람들을 붙잡아 성을 쌓는 힘든 일에 동원했다. 다치면 가차 없이 죽이기도 했다. 도요토미 히데요시는 아예 조선인을 죽이라고 명령하고, 죽인 표시로 코를 베어 오라고까지 했다. 일본군은 전투에서 이겼다는 증거로 죽은 사람의 코를 베어 갔다. 나중에는 살아 있는 사람의 코까지 베어 갔다. 그렇게 모은 코는 일본으로 가져가 무덤에 묻었다. 지금도 일본 교토에는 '조선인 귀 무덤'이라는 것이 남아 있다. 원래는 코 무덤으로 불렸지만 너무 끔찍하다는 이유로 귀 무덤이라는 이름으로 바꾸었다고 한다.

절이도 해전 전투 개요

언제 : 1598년 7월 19일
어디서 : 고흥군 절이도 앞바다
누가 : 이순신 함대 판옥선 60여 척과 명나라 수군 함대 30여 척 대 도도 다카토라가 이끄는 함선 100척
전투 결과 : 조선군 사상자 30명. 왜군 함선 50척 격침. 왜군 수천 명 사망 추정.

이순신 최후의 결전

1598년 8월, 전쟁을 일으킨 도요토미 히데요시가 죽었어.
그러자 왜군은 사천, 울산, 부산 등으로 모여 철수할 준비를 했어.
그런데 전라도 순천 왜성에 있던 왜장 고니시 유키나가는 이순신이
그 앞바다를 지키고 있는 바람에 도망갈 수 없었어. 이순신은 침략에
앞장선 왜장인 고니시를 절대 살려 보낼 생각이 없었어. 고니시는 사천 왜성에
있는 시마즈와 남해도에 있는 사위 소 요시토시에게 도와 달라고 요청했어.
요청을 받은 왜군 함대 5백여 척이 11월 18일 순천을 향해
이동하기 시작했어. 이순신은 그들이 노량 해협을 지날
것으로 생각하고 기다렸지. 다음 날 새벽, 수백 척의 왜군
함대가 노량 해협을 빠져나오기 시작했어. 이순신은 발포
명령을 내려 왜선을 격침했어. 조선군과 왜군, 명군
삼국의 함대 수백 척이 뒤엉킨 임진왜란 최대의 해전이
시작되었어. 이순신의 공격을 받은 왜군 함대는 남해도
북서쪽 관음포로 도망갔고, 이순신은 그들을 맹추격했어.
그러다 왜군이 쏜 총에 가슴을 맞고 말았어. 싸움이
급하니 자신의 죽음을 알리지 말라는 유언을 남긴 채….
이순신의 죽음과 함께 7년 동안 이어진
임진왜란은 마침내 끝이 났어.

노량 해전 전투 개요

언제 : 1598년 11월 19일.

어디서 : 노량 앞바다.

누가 : 조선 함선 80여 척, 명군 함선 60여 척 대 왜군 함선 500여 척.

전투 결과 : 조선군 사상자 300여 명, 명군 사상자 500여 명, 왜군 함선 350여 척 격침, 100척 나포, 왜군 약 1만 명 전사 추정.

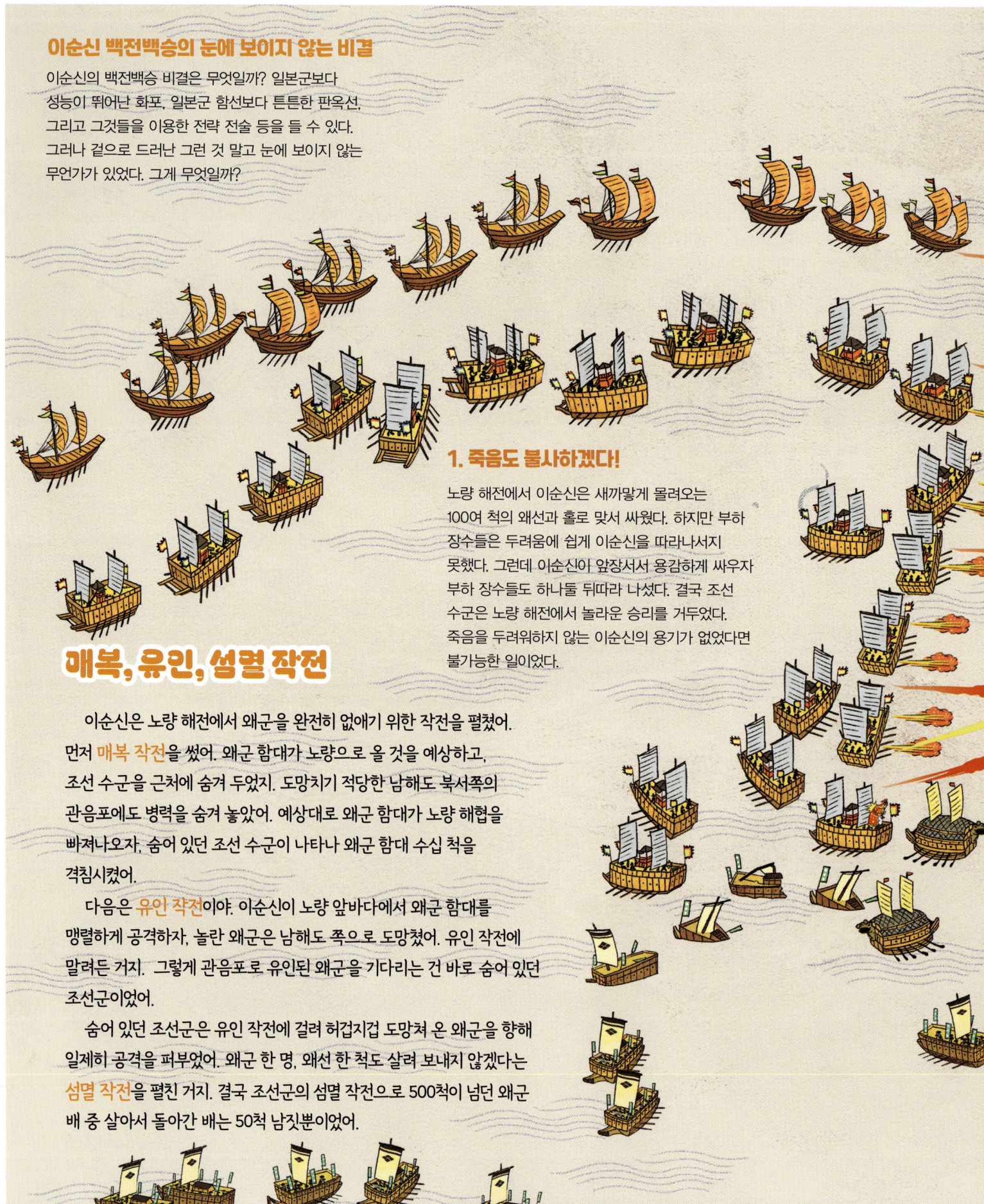

이순신 백전백승의 눈에 보이지 않는 비결

이순신의 백전백승 비결은 무엇일까? 일본군보다
성능이 뛰어난 화포, 일본군 함선보다 튼튼한 판옥선,
그리고 그것들을 이용한 전략 전술 등을 들 수 있다.
그러나 겉으로 드러난 그런 것 말고 눈에 보이지 않는
무언가가 있었다. 그게 무엇일까?

1. 죽음도 불사하겠다!

노량 해전에서 이순신은 새까맣게 몰려오는
100여 척의 왜선과 홀로 맞서 싸웠다. 하지만 부하
장수들은 두려움에 쉽게 이순신을 따라나서지
못했다. 그런데 이순신이 앞장서서 용감하게 싸우자
부하 장수들도 하나둘 뒤따라 나섰다. 결국 조선
수군은 노량 해전에서 놀라운 승리를 거두었다.
죽음을 두려워하지 않는 이순신의 용기가 없었다면
불가능한 일이었다.

매복, 유인, 섬멸 작전

　이순신은 노량 해전에서 왜군을 완전히 없애기 위한 작전을 펼쳤어.
먼저 매복 작전을 썼어. 왜군 함대가 노량으로 올 것을 예상하고,
조선 수군을 근처에 숨겨 두었지. 도망치기 적당한 남해도 북서쪽의
관음포에도 병력을 숨겨 놓았어. 예상대로 왜군 함대가 노량 해협을
빠져나오자, 숨어 있던 조선 수군이 나타나 왜군 함대 수십 척을
격침시켰어.

　다음은 유인 작전이야. 이순신이 노량 앞바다에서 왜군 함대를
맹렬하게 공격하자, 놀란 왜군은 남해도 쪽으로 도망쳤어. 유인 작전에
말려든 거지. 그렇게 관음포로 유인된 왜군을 기다리는 건 바로 숨어 있던
조선군이었어.

　숨어 있던 조선군은 유인 작전에 걸려 허겁지겁 도망쳐 온 왜군을 향해
일제히 공격을 퍼부었어. 왜군 한 명, 왜선 한 척도 살려 보내지 않겠다는
섬멸 작전을 펼친 거지. 결국 조선군의 섬멸 작전으로 500척이 넘던 왜군
배 중 살아서 돌아간 배는 50척 남짓뿐이었어.

2. 노비라도 공을 세우면 상을 줘라!

첫 해전인 옥포 해전부터 쭉 이순신은 전투가 끝난
뒤 공을 세운 사람이라면 누구나 보고서에 적어
올렸다. 노를 젓는 격군이나 사람 대접도 받지
못하던 노비도 예외가 아니었다. 이순신이 자신의
노력을 알아준다는 것을 믿었기에 병사들은 기꺼이
목숨을 걸고 싸웠다. 이런 헌신이야말로 이순신이
계속해서 이길 수 있었던 힘이었다.

이순신을 찾아라!

이순신은 노량 해전에서 일본과
최후의 결전을 벌였어. 하지만
안타깝게도 왜군 함대를
공격하던 중 이순신은 가슴에
총탄을 맞고 쓰러지고 말았어.
노량 해전의 한가운데 자신의
죽음을 알리지 말라고 하는
이순신을 찾아봐!

3. 왜적 한 명도 살려 보내지 않겠다!

노량 해전은 굳이 크게 싸울 필요가 없는 전투였는지 모른다.
전쟁이 끝났고, 철수하는 왜군을 적당히 쫓기만 하면
될 일이었다. 하지만 이순신은 조선 땅을 짓밟은
왜적 한 놈이라도 살려 보내지 않겠다며
어느 때보다 맹렬하게 공격했다. 이는 다시는
그들의 후손이 우리를 업신여기지 못하게
하려는 의지였다. 그 결과 노량 해전에서
가장 많은 왜군 함선을 격침시키고,
가장 많은 적을 무찔렀다. 그리고
이순신은 그 전투에서 마지막 순간을
맞이했다.

왜군을 물리친 이순신과 병사들, 그리고…

노량 해전을 끝으로 7년 동안 이어진 임진왜란이 막을 내렸어. 조선은 마침내 왜군을 몰아내고 전쟁에 승리했어. 하지만 전쟁의 상처는 너무나 컸어. 전쟁터였던 조선의 농토는 폐허로 변했고, 백성들은 왜군의 칼에 맞아 죽고, 굶어 죽고, 전염병으로 죽었어. 인구가 절반 가까이 줄어들었지. 또 수많은 사람이 일본으로 끌려가 남의 나라에서 노예로 살아야 했어.

전쟁이 끝나고 선조는 말했어. 왜적을 물리친 데는 명나라 구원군의 공이 가장 크다고. 그러나 과연 그럴까? 전국의 의병들은? 행주산성과 진주성에서 왜군을 막아 낸 병사들과 백성들의 공이 명군의 공보다 작다고 할 수 있을까?

그러나 무엇보다 가장 큰 공을 세운 건 스물세 번의 해전에서 모두 승리한 이순신이 아니었을까? 그 덕에 왜군이 서해를 따라 한양과 평양에 진출하는 수륙 병진 작전을 좌절시켜 끝내 왜군을 물리쳤으니까. 그리고 그를 따르는 군관들과 죽을 각오로 싸운 병사들과 손바닥에 피가 나도록 노를 저은 격군들, 그들 모두의 공일 것이다.

왜군을 물리친 이순신과 병사들, 그리고…

임진왜란이 끝나고 난 뒤에 …

임진왜란은 조선과 일본이 벌인 전쟁이야. 그런데 명나라가 참전하면서 삼국이 뒤엉킨 국제전으로 변했어.
전쟁에 휘말린 삼국은 어떻게 바뀌었을까?

침략을 당한 조선

도망쳤던 선조는 계속 왕위에 있었고, 양반과 사대부도 자리를 지켰어. 조선을 도운 명나라는 망했지만, 조선은 끝까지 명을 높이고 의지했지. 새로 들어선 청나라는 무시하고 '오랑캐'라며 깔봤어. 결국 조선은 청의 공격을 받아 병자호란을 겪게 돼.

침략 전쟁을 일으킨 일본

도요토미 히데요시가 죽자, 도요토미 정권은 무너지고 일본의 권력은 그의 경쟁자였던 도쿠가와 이에야스에게 넘어갔어. 도쿠가와는 도쿄를 중심으로 에도 막부 시대를 열었고, 그의 가문이 다스린 에도 막부는 1868년 메이지 유신이 일어날 때까지 이어졌어.

전쟁에 구원병을 보낸 명

조선에 수만 명의 군사를 파견한 명은 국력이 약해져 안으로는 반란이 일어나 정권이 흔들렸고, 밖으로는 후금의 위협을 받았어. 후금은 명이 약해진 틈을 타 만주를 통합하고 청을 세운 뒤, 여세를 몰아 만리장성을 넘어 명을 무너뜨렸지. 임진왜란이 중국의 주인을 바꾼 셈이야.

남해안에서 이순신의 흔적을 찾아라!

전라도에서 경상도까지 이어지는 남해에는 이순신 흔적이 넘쳐나.
이순신의 자취가 남아 있는 남해의 곳곳을 찾아보자.

임진왜란 때 이순신이 거북선을 만들던 조선소는 해군 방어 기지 역할도 했어. 이곳에서 이순신은 거북선을 만드는 기술자들을 격려했어. 그곳은 어디일까?

☆ 이 별 모양을 찾아봐!

이순신은 명량 해전을 벌이기 직전 16일 동안 이곳에 머물며 전투를 준비했어. 12척의 배를 숨기고 전략을 구상하느라 온 신경을 기울였지. 이곳은 어디일까?

☆ 이 별 모양을 찾아봐!

노량 해전에서 전사한 이순신은 노량 해전의 전장이 한눈에 바라보이는 이곳 언덕에 잠시 모셔졌어. 노량 해전이 끝난 직후 잠시 이곳의 언덕에 누워 있다가 다른 곳으로 옮겨졌지. 이곳은 어디일까?

★ 이 별 모양을 찾아봐!

명량 해전은 해남과 진도 사이에 있는 명량 해협에서 벌어진 전투야. 이곳에서도 역시 이순신은 전투를 승리로 이끌었지. 명량 해전을 기념하는 비석이 있는 이곳은 어디일까?

★ 이 별 모양을 찾아봐!

고하도 통제영

명량 해전에서 승리한 뒤, 이순신은 목포에서 서남쪽 2킬로미터 떨어져 있는 고하도에 108일간 머물며 수군 재건 작업에 몰두했어. 이순신은 이곳에 길이 1킬로미터, 높이 2미터의 성을 쌓고, 무기와 배를 만들고, 군수 물자를 모아 전투에 대비했다. 그러나 섬이 크지 않아 나중에 고금도로 통제영을 옮겼다. 이곳 고하도에 진영 터와 성터, 기념비가 있다.

해남 명량대첩비

바다 건너 진도가 바라보이는 해남 화원 반도에 세워진 승전 기념비. 명량 해전은 육지의 남쪽 끝인 해남과 진도 사이에 있는 명량 해협에서 벌어진 전투이다 보니 진도와 해남 모두에서 승리를 기념하는 유적이 남아 있다.

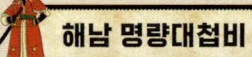

고금도 통제영

이순신은 명량 해전 승리 후 수군을 재건하면서 완도군 고금도에 삼도수군통제영을 설치했다. 이곳 통제영에서 조선 수군을 지휘하며 진린의 명군과 연합해 절이도 해전, 순천 왜성 전투, 노량 해전을 치렀다. 고금도에는 이순신의 업적을 기리는 이순신 기념관과 이순신의 영정을 모신 충무사가 있다.

명량 해전의 시작 진도 벽파진

명량 해전을 벌이기 전 이순신이 16일 동안 머물며 12척의 배를 숨기고 왜군과 일전을 준비하기 위해 전략을 구상한 곳. 벽파진 언덕 위에 정자인 벽파정이 있고, 벽파정에서 더 위로 올라가면 이순신의 업적을 기리는 이충무공벽파진첩비도 볼 수 있다.

전라좌수영 본영이 있던 이곳에서 이순신은 부하들과 작전회의를 하고, 함대 출정식을 거행했어. 하지만 이곳은 정유재란 때 불에 타서 없어지기도 했지. 이곳은 어디일까?

⭐ 이 별 모양을 찾아봐!

임진왜란 중에 삼도수군통제사로 임명된 이순신은 이곳에서 주요 해전의 작전을 지휘했어. 이 건물 앞바다를 보도록 지어 놓은 수루에서 시를 지으며 전쟁 중 잠시 한가로운 때를 보냈지. 이곳은 어디일까?

⭐ 이 별 모양을 찾아봐!

한양으로 압송되어 감옥에 갇혀 있다가 다시 삼도수군통제사가 된 이순신은 수군을 다시 정비하면서 이곳에 수군통제영을 설치했어. 이곳은 어디일까?

⭐ 이 별 모양을 찾아봐!

명량 해전에서 승리한 뒤 수군 재건 작업에 몰두하기 위해 이순신은 이곳에 높이 20미터의 성을 쌓고 무기와 배를 만들었어. 이순신은 이곳에서 108일간 머물며 군수 물자를 모았어. 이곳은 어디일까?

⭐ 이 별 모양을 찾아봐!

여수 진남관

전라좌수영 본영이 있던 곳. 이순신은 이곳 진해루에서 부하들과 작전 회의를 하고 함대 출정식을 거행했다. 정유재란 때 불에 타 없어졌는데, 전쟁이 끝나고 불탄 자리에 건물을 세우고 진남관이라 이름 붙였다. 남쪽 왜구를 진압하여 평안하게 한다는 뜻이다.

관음포 이충무공전몰유허

노량 해전에서 전사한 이순신의 유해를 처음 모신 곳으로, 일명 이락사라고 한다. 언덕에서 바라보면 노량 해전의 전장이 한눈에 보인다.

한산도 제승당

삼도수군통제사로 임명된 이순신은 해군 작전 사령부 격인 통제영을 설치하고 운주당을 세웠다. 이곳에서 이순신은 1597년 2월 서울로 압송될 때까지 작전 지휘를 했다. 정유재란 때 칠천량 해전 패배로 불타 없어진 것을 영조 때 복원하며 제승당이라 이름을 바꾸었다.

여수 선소

임진왜란 때 이순신이 거북선을 만들던 조선소. 여수 선소 일대는 해군 방어 기지 역할도 했다. 현재 이곳에는 거북선을 만들고 수리한 굴강, 칼과 창을 갈고 닦았던 세검정, 수군 지휘소였던 선소창, 병영 막사 등의 유적이 남아 있다.

이순신을 찾아라! 정답

주요 싸움 현장에서 열심히 적과 싸우는 이순신을 모두 찾았니?
책장을 넘기며 만난 이순신이 어느 배에 타고 있었는지 다시 한번 만나 보자.

14쪽 옥포 해전

18쪽 사천 해전

22쪽 당포 해전

26쪽 한산도 해전

30쪽 안골포 해전

마침내 무너뜨린 일본 수군 주력 함대

34쪽 부산포 해전

왜군의 심장부 타격

38쪽 제2차 당항포 해전

더욱 굳건히 지켜 낸 조선의 바다

42쪽 명량 해전

조선 수군이 거둔 최대의 승리

46쪽 절이도 해전

되살아난 수군, 되찾은 바다

50쪽 노량 해전

이순신 최후의 결전

글쓴이 **이광희**

어린이 잡지 〈생각쟁이〉에서 기자로 활동하던 중 〈역사인물신문〉을 집필하며 어린이, 청소년 역사책을 쓰기 시작했습니다.
오랫동안 〈중학독서평설〉에 역사이야기를 연재했으며, 역사책을 기획하고 집필하는 모임 '만파식적'의
선임 필자로 활동하고 있습니다. 지은 책으로 《한국사를 뒤흔든 20가지 전쟁》, 《어린이를 위한 한국 근현대사》,
《한 눈에 보는 전쟁 세계사》, 《어린이 대학 : 역사》(공저), 《그 많던 한양의 똥은 어디로 갔을까?》, 《음표에 걸린 세계사》,
〈푸른숲 역사퀘스트〉 시리즈(공저) 등이 있습니다.

그린이 **토끼도둑**

대학에서 서양화를 전공했고, 다양한 분야에서 일러스트레이터로 활동하고 있습니다.
그린 책으로는 《예술가가 사랑한 아름다운 유럽 도시》, 《최척전: 전쟁터에도 희망은 있을까?》,
《구운몽: 욕망, 독일까? 득일까?》, 《조선 소년 무걸, 무기를 만들다》, 《인상주의 갤러리》, 《아는 길도 물어 가는 안전 백과》
등이 있으며, 1인 출판물 《인디.진 2分》, 《Ma Peach》, 《토끼도둑의 일러스트레이션과 드로잉》을 펴냈습니다.

남쪽 바다에서 이순신 찾기

펴낸날 초판 1쇄 2025년 10월 24일

글 이광희 | 그림 토끼도둑
기획 및 편집 책상자 | 디자인 윤형선
펴낸곳 책상자 | 펴낸이 윤인숙 | 출판등록 2019년 6월 10일(제 2019-000105호)
주소 경기도 고양시 덕양구 삼원로 73, 810호(원흥동, 원흥한일윈스타 지식산업센터) | 전화 070-8653-3207 팩스 0504-183-8848
블로그 http://blog.naver.com/thebookbox | 이메일 thebookbox@naver.com | 인스타그램 @chaeksangja

© 이광희, 토끼도둑 2025
ISBN 979-11-992890-1-7 73990

제조국 대한민국 | **제조자** 책상자 | **사용 연령** 8세 이상